月　日　点

JN051902

**1** つぎの 文しょう

もんだいに 答えましょう（一つ 10点）

文を 書く ときには、

丸（。）を つかいます。

| 犬 | が | ほ | え | る | 。 |
|---|---|---|---|---|---|

| ぼ | く | が | ボ | ー | ル | を | け | る | 。 |
|---|---|---|---|---|---|---|---|---|---|

丸（。）は、文の おわりに つけます。

（1）文の おわりに、丸（。）を 書きましょう。

① | ね | こ | が | ね | る | 。 |
|---|---|---|---|---|---|---|

② | こ | い | が | お | よ | ぐ | |
|---|---|---|---|---|---|---|---|

③ | 赤 | い | 花 | が | さ | く | |
|---|---|---|---|---|---|---|---|

**2** 丸（。）のつけ方が正しいほうに、〇をつけましょう。

（1）
（〇）犬が走る。
（　）犬が。走る。

（2）
（　）金魚（きんぎょ）がおよぐ。
（　）金魚（きんぎょ）が。およぐ。

（3）
（　）ぼくがボールをける。
（　）ぼくが。ボールをける。

（4）
（　）わたしが本を読（よ）む。
（　）わたしが。本を読（よ）む。

（5）
（　）弟（おとうと）がおして。ころぶ。
（　）弟（おとうと）がおし、て。ころぶ。

文に あうかな。

2

1 文(ぶん)の おわりの □に、丸(まる)(。)を 書(か)きましょう。

(1つ 5点(てん))

(1) はとが とぶ□○

(2) ねこが ねる□

(3) ぼくが 絵(え)を かく□

(4) わたしは 公園(こうえん)へ 行く□

(5) 弟(おとうと)が 大きな 声(こえ)で よぶ□

(6) 姉(あね)が 妹(いもうと)と いっしょに 歩(ある)く□

**2** つぎの文ぶんに、丸まる（○）を一ひとつずつ書かきましょう。　（一つ10点てん）

（1）
か
え
る
が
□
と
□○

（2）
め
だ
か
が
□
よ
□
へ

（3）
せ
み
が
ミ
□
ン
ミ
□
ン
鳴なく
□
へ

（4）
犬いぬが
ワ
□
ワ
□
ン
ほ
え
る
□

（5）
兄あにが
ボ
ー
ル
を
□
な
げ
る
□

（6）
お
母かあさ
ん
が
買かい
□
も
の
に
□
行い、
□
へ

（7）
夜よ空ぞらに
星ほしが
□
か
□
から
き
ら
ひから
光ひかる
□

月　日　点

1 丸（○）の つけ方が 正しい 文を 四つ さがして、○を つけましょう。

（アは 5点、ほかは 一つ 10点）

ア（　○　）子犬が 走る。

イ（　　）ぼくが。話す

ウ（　　）みんなが いっしょに 言う。

エ（　　）牛が。モーと 鳴く

オ（　　）雨が ザーザー。ふる

カ（　　）父が 朝 早く 出かける。

キ（　　）友だちが。プールで およぐ

ク（　　）パトカーが 交さ点を 通る。

5

## 2

つぎの 文に、丸(。)を 一つずつ 書きましょう。

(1)は 5点
(2)〜(7)は 1つ 10点

(1) ぼくが 手を 上げる

(2) 弟が ろうかで ころぶ

(3) 妹は ケーキを 食べる

(4) わたしは ジュースを のむ

(5) 風で 木の えだが ゆれる

(6) ライオンが カオーと ほえる

(7) 池で 魚が およぐ

6

# まる 丸(○)の つけ方③

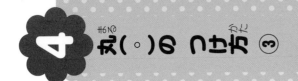

**1** つぎの 〔 〕の 文しょうに、丸(○)を 二つずつ 書きましょう。

(一つ 5点)

(1)
〔 ぼくは 公園に□行った□する
と、たかしが□まって いた□ 〕

(2)
〔 母は かぜを□ひいた□だから
くすりを□のんだ□ 〕

(3)
〔 家の チャイムが□鳴った□
すると、犬が□ほえた□ 〕

(4)
〔 雨が□ふって きた□それに
風も□ふって きた□ 〕

二つの 文が あるから、二つずつ 丸(○)を つけるよ。

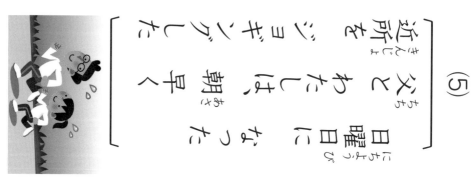

**2** つぎの〔 〕の文を、正しいじゅんに書きましょう。正しいじゅんに（○）丸を（1もん 5てん）

(1)〔
友だちは
ぼくと公園に行った。
あそんだ。
〕

(2)〔
かさを
雨がふってきた
さしてあるいた
いえに入った
だから。
〕

(3)〔
妹は、
まい日
母にもらった
花に水を
あげています
出かけます
〕

(4)〔
わたしは、
母とケーキを
そこでケーキを食べた。
お店に入った。
〕

(5)〔
父とわたしは
日曜日に
ジョギングをした。
朝早く
近所を
〕

1 つぎの 文しょうを 読んで、点(、)の つけ方を おぼえましょう。

（読んで 10点）

---

文を 書く ときには、点(、)も つかいます。

| 犬 | が | 、 | ワ | ン | ワ | ン |
|---|---|---|---|---|---|---|
| ほ | え | て | い | る | 。 | |

| 角 | を | ま | が | る | と | 、 |
|---|---|---|---|---|---|---|
| ポ | ス | ト | が | あ | る | 。 |

| は | い | 、 | ぼ | く | が | 林 | で | す | 。 |
|---|---|---|---|---|---|---|---|---|---|

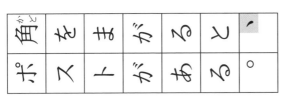

| 「 | ピ | ン | ポ | ン | 」 | と | 、 | | チ | ャ |
|---|---|---|---|---|---|---|---|---|---|---|
| イ | ム | が | 鳴 | る | 。 | | | | | |

点(、)は、文の とちゅうに つけます。

9

**2** 点(、)を 書きましょう。

(1)は 10点
(2)~(5)は 一つ10点
20点

(1)

| | |
|---|---|
| 雨 | |
| が | |
| ふっ | |
| て | |
| い | ザ |
| る | ー |
| 。 | ザ |
| | ー |

↑

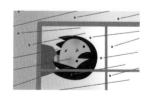

(2)

| | |
|---|---|
| 家に | |
| ふ | |
| っ | |
| て | |
| き | |
| た | 雨 |
| 。 | が |

↑

(3)

| | |
|---|---|
| 行は | |
| い | |
| き | |
| ま | |
| す | し |
| 。 | が |

↑

(4)

| | |
|---|---|
| か「 | |
| え | |
| る | |
| が | |
| 鳴 | ケ |
| ロ | |
| く | |
| 。」 | と |

↑

(5)

| | |
|---|---|
| と「 | 田 |
| 言っ | 中 |
| は | さん |
| た | が |
| 。」 | よう |
| | 。 |

↑

# 16 点(、)の つけ方 ①

**1** 点(、)の つけ方を おぼえましょう。(一つ 20点)

> ・牛が モーと 鳴いて いる。
> ・妹は 大きな 声で 歌う。
>
> 「何が(は)」や 「だれが(は)」の 後には 点(、)を つける ことが できます。

(1) 点(、)の つけ方が 正しい ほうに ○を つけましょう。

① { ( ) 虫が、ジーンと ないて いる。
　{ ( ) 虫が ジーンと、ないて いる。

② { ( ) 弟は 白い ぼうしを かぶる。
　{ ( ) 弟は、白い ぼうしを かぶる。

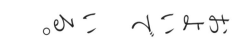

（1）文に、点（、）を 一つずつ 書きましょう。

① 馬が パッ カッ□ と 走って いる。

② からすが カー カー□ と 鳴いて いる。

③ 池の 魚が すい□ すい□ と およいで いる。

**2**

（1）点（、）の つけ方を おぼえましょう。

文の はじめや
何（は）に「は」が
あるに あれだが
ある わけでは
ありません。

・わたしは □ 弟は ……て いる。

・ □ 花が きれいに ……れて いるに

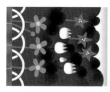

**1** 点(、)の つけ方を おぼえましょう。

(一つ 10点)

> ・家に 帰ると、父が いた。
>
> ・春に なって、花が さいた。
>
> 「…と」や 「…て」のように いみの
> 後に切れめに なる ぶぶんの
> 後に、点(、)を つけます。

(1) 点(、)の つけ方が 正しい ほうに
○を つけましょう。

① （　）夜に なると、外は さむい。
　（　）夜に なると外は、さむい。

② （　）雨が ふって、道が ぬれた。
　（　）雨が ふって道が、ぬれた。

2

（一つ16点）

文に、点（、）を　一つずつ　書きましょう。

（1）ぼくは□戸とを□なか中から□へやへと□した。

（2）ぼくは□へやで□みかんを□たべてい□た。

（3）魚さかなが□池いけに□ちか近づいたので□にげた□ら。

（4）雨あめがふって□きたので□たいかいは□中ちゅう止しに□なった□会かいが。

（5）けがは□うろ□かして□なかし□ている□だけれ□ども、たった。

1 点(、)の つけ方を おぼえましょう。

（一つ 10点）

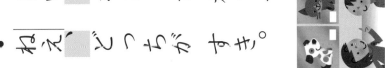

- は̄こ̄［　］ わたしが 林です。
- ね̄え̄［　］ どっちが すき。

「はこ」や 「ねえ」のように よびかけの ことばの 後に 点(、)を つけます。

(1) 点(、)の つけ方が 正しい ほうに ○を つけましょう。

①
( 　 ）はこ わたしの かばんです。
( 　 ）はこ、わたしの かばんです。

②

( 　 ）ねえ、何が いいの。
( 　 ）ねえ 何が、いいの。

**2** 文に、「点(、)」を 一つ 書きましょう。
（一つ 16点）

(1) はつ□□が□□□したが□□□て 来ます。

(2) こえ□は これ□は ちが□□ます。

(3) お□あ□□□て 早□へ に□□けば しよ。

(4) こ□ん の 左□が ケーキ が こい。よ。

(5) 田中さん□□□□が 来て ください。

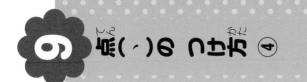

**1** 点(、)の つけ方を おぼえましょう。
（一つ 10点）

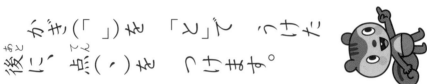

- 「ピー」と 　 ふえが 鳴る。

- 「ガチャン」と 　 コップが われる。

ことば（「」）を 「と」で うけた 後に、点(、)を つけます。

(1) 点(、)の つけ方が 正しい ほうに、○を つけましょう。

①
{ ( )「プー」と、ラッパが 鳴る。
{ ( )「プー」と ラッパが、鳴る。

②
{ ( )「ワンワン」と、犬が ほえる。
{ ( )「ワンワン」と 犬が、ほえる。

**2** 文に、点（、）を一つずつ書きましょう。（一つ 16点）

（1）「ブーブー」とぶたが鳴く。

（2）ライオンが「ガオー」とほえる。

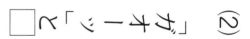

（3）かえるがボチャンと池にとびこんだ。

（4）「ゴロゴロ」とかみなりの音がひびく。

（5）すずめの鳴き声が「チュンチュン」と聞こえた。

1 点(、)の つけ方を おぼえましょう。

(20点)

・　わたしは　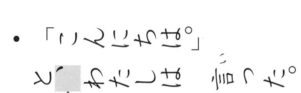
「こんにちは。」
と 言った。

かぎ(「 」)の 前には、点(、)を つけるよ。

・「こんにちは。」
と　わたしは 言った。

「と、だれが(は) 言った」などには、「と」の 後に 点(、)を つけるよ。

(1) 点(、)の つけ方が 正しい ほうに ○を つけましょう。

①
( )「おやすみ。」
と 弟が、言った。

( )「おやすみ。」
と、弟が 言った。

# 2

点（、）を 一つずつ 書きましょう。

（一つ20点）

（1）

おかあさんが

「おはよう。」

と言った。

（2）

「ただいま。」

と弟が言った。

点（、）は（1）・（3）

の前に、

つけるみ。

（3）

おねえさんが

「雨がふってきた。」

と言った。

（4）

きみが友だちの

家へ行って

「こんにちは。」

と言った。

点（、）は（2）・（4）

の後に、

つけるみ。

20

1 点(、)の つけ方を おぼえましょう。
(20点)

- 雨が ふった。<u>だから</u>
  かさを さした。

- 雨が ふった。<u>でも</u>
  かさを ささなかった。

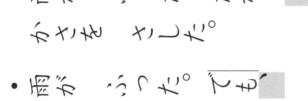

「だから」や 「でも」のような 文を
つなぐ ことばの 後に 点(、)を つけます。

(1) 点(、)の つけ方が 正しい ほうに
〇を つけましょう。

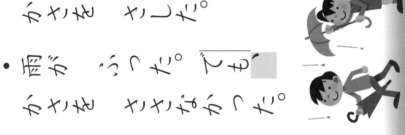

①
（　）雨が 上がった。でも
　　　かさを もって いった。

（　）雨が 上がった。でも、
　　　かさを もって いった。

**2** 点（、）を 一つずつ 書きましょう。（一つ5点 20点）

（1）
$$ぼくは\ のどが\ かわ□たので、水を\ □んだ。$$
［ ぼくは のどが かわ□たので 水を □んだ。
　 ぼくは のどが、かわ□たので 水を □んだ。 ］

（2）

［ 雨が □って かぜ□が つよ□なって かさ□が とんだ。
　 雨が □って、かぜ□が つよ□なって かさ□が とんだ。 ］

（3）
［ わたしは けん□を おし□て ケーキも □□ 食べた。
　 わたしは けん□を、おし□て ケーキも □□ 食べた。 ］

（4）
［ それからは 妹（いもうと）□□ みがいて □て ね□。
　 それからは、妹（いもうと）□□ みがいて □て ね□。 ］

「は」「を」「へ」、「や」「ゆ」「よ」、「つ」などの 文字に 気をつけて。

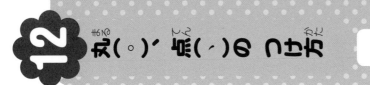

1 □に、丸(○)か 点(、)を 書きましょう。

(一つ 4点)

(1) 犬が□ワンワン ほえて いる□

(2) 春に なると□花が さく□

(3) はこ□ぼくが 当番です□

(4) お父さんが□

「キャッチボール しようか。」

と 言った□

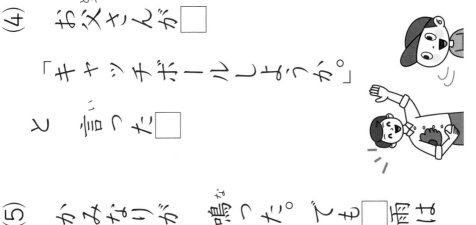

(5) かみなりが 鳴った。でも□雨は

ふらなかった□

つぎの文やぶんしょうに、丸（○）と点（、）を一つずつ書きましょう。（一つ5点）

（6）「こえ」と言ってあそびに行ったがわたしは知りません

（5）おちたボールをとりに行ったがとれなかった

（4）ぼくは「ボールが池におちた」といった

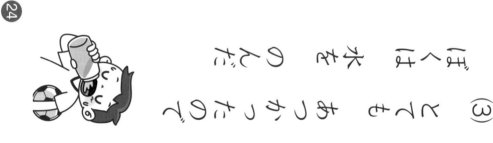

（3）ぼくは水をのんだのでねむった

（2）ぼくはきもちよくてもねむれたので早くおきられる

（1）星が一つ光っている

24

月　日　点

**1** つぎの 文しょうを 読んで、かぎ(「」)の つけ方を おぼえましょう。　(ひと組 10点)

人が 話した ことばには、かぎ(「」)を つけます。

| | | | | | | |
|---|---|---|---|---|---|---|
| 「 | 行 | っ | て | き | ま | す。」 |
| と | 言 | っ | た。 | | | |

（表の上）ぼ　く　は、

人が 話した ことばは、行を かえて 書きます。

25

(1) 人が 話した ことばに、かぎ(「」)を 書きましょう。

| | | | | | |
|---|---|---|---|---|---|
| 「 | お | は | よ | う。」 | |
| と | 言 | っ | た。 | | |

（表の上）わ　た　し　は、

丸(。)と かぎ(「」)は、1ますに 書くよ。

## 2

人が 話した ことばに、かぎ（「 」）を 書きましょう。

（ひとつ 18点）

上（「）下（」）の かたちだよ。

**←(1)←**

と「ぼくは 言いたく なかった。」→「 。」と 言いました。

**←(2)←**

と、「こ……おはに おはん さち んは が。」→ 言った。

**←(3)←**

と、「弟が 大きく なりたい。」→ 大きな 声で 言って いた。

**←(4)←**

と、「もう 答えた。」→ いもうと、妹が もう 言い……と、父が、→ 答えた。

1 かぎ(「 」)の つけ方が 正しい ほうに ○を つけましょう。 （1つ 10点）

(1)
（　　）　わたしは
　　　　「いただきます。」
　　　　と 言った。

（　　）　わたしは
　　　　いただきます。
　　　　と 「言った。」

(2)
（　　）　「いってきます。」
　　　　と、兄が 言った。

（　　）　「いってきます。
　　　　と、兄が 言った。」

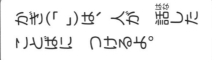

かぎ(「 」)は、人が 話した ことばに つけるよ。

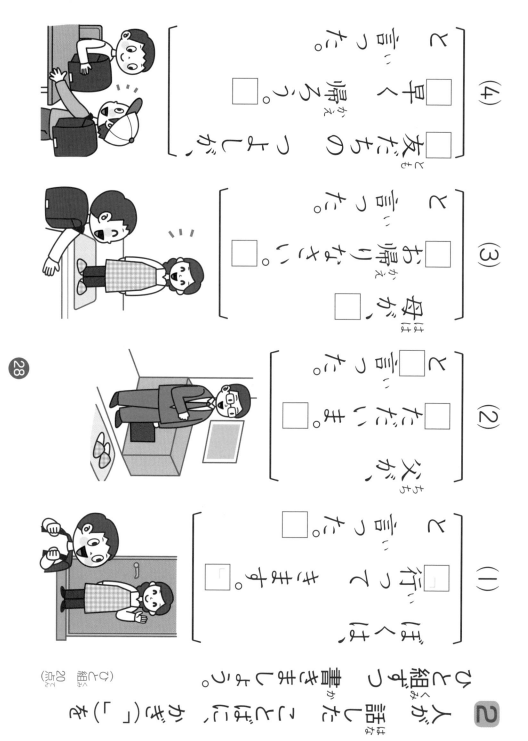

**2** ひと組ずつ話したことばに、「　」を書きましょう。
（ひと組 20てん）

（1）
「ぼくは
□行ってきます。
□」
と言った。

（2）
父が、
「□ただいま。□」
と言いました。

（3）
お母さんが、
「□お帰りなさい。□」
と言った。

（4）
友だちが、
「□早く帰ろう。□」
と言った。

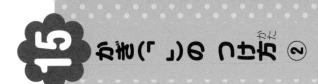

**1** 人が 話した ことばに、かぎ（「 」）を ひと組ずつ 書きましょう。（ひと組 10点）

(1)
```
□おはよう。」
と、□友子が 言った。□
```

(2)
```
□さようなら。」
と、なおとが □言った。□
```

(3)
```
□おなか すいた。」
と、□弟が □言った。□
```

(4)
```
公園に いくよ。」□
□すべり台。」□
と、妹が □言った。□
```

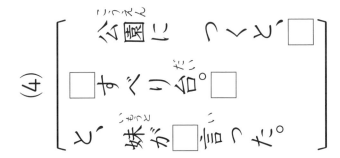

**2** ひと組すつ話した人ばに、かぎ（「　」）を
つけて書きましょう。
（ひとくみ
15点）

(1)
みんなで
「いちねんせいになったら。」
と 言った。

(2)
と、お母さんは 元気よく 言った。
ぼくは へやを そうじします。

(3)
と、おやすみなさい。
妹が 言った。

(4)
と 言ったよ。
われた。

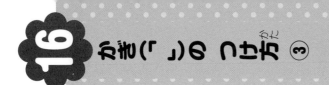

月　日　点

1 つぎの 文しょうで、かぎ(「 」)の つけ方が まちがって いる ところに すぐ ×を つけましょう。 (1つ 8点)

(1)
（　　）「おはよう。」

（　×　）と、わたしが 「言うと、

（　　）「おっはよう。」

（　　）と、元気の いい 声が、

　　　かえって きた。

(2)
小さな 妹が、

（　　）「この 本 読んで。」

（　　）と 「言うので、わたしは、

（　　）「むかしで 読もうか。」

（　　）と、言って、妹の 手を

　　　ひいた。

31

**2** つぎの文しょうに、かぎ(「 」)を
ただしく 書きましょう。
（ひとくみ 15てん）

（1）

と 事に 言って 行きました。
と 言った。
元気よく おかけください。
おかけください。
と 言って ぼくが、

（2）

と 言って、お兄ちゃんが
よろこんで 答えた。
とじゃ 言って ぼくは ぼうし
に、弟は 公園へ ぼうしも
だ。おて、ぼくが 来ました

この 話は だれと だれが
いるのかな？

1 つぎの 文しょうを 読んで、後の もんだいに 答えましょう。 （一つ 10点）

点(、)を つける ところが ちがうと 文の いみも ちがって しまう ことが あります。

あ ぼくは、しって いる。

い ぼくは しって、いる。

あは 「知る」、いは 「来る」 いみに なります。

（1） つぎの 〈 〉の いみに 合う 文を えらんで、――で むすびましょう。

① 〈いる〉・　・ねこ、はこるよ。

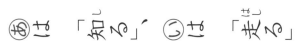

② 〈くる〉・　・ねこは、こるよ。

2 〈 〉の つぎの ことばを 文に して、○を つけましょう。

(1) 〈走る〉

( ) わたしは、まいにち 走る。

( ) 走るは、わたしに まいにち。

(2) 〈ねこ・ぶた〉

( ) ぶたくは、ねこ にんきが ある。

( ) ぶたは、ねこくより にんきが ある。

(3) 〈に〉

( ) わたしは、はとに こうえんで くらす。

( ) わたしは、こうえんに はとと くらす。

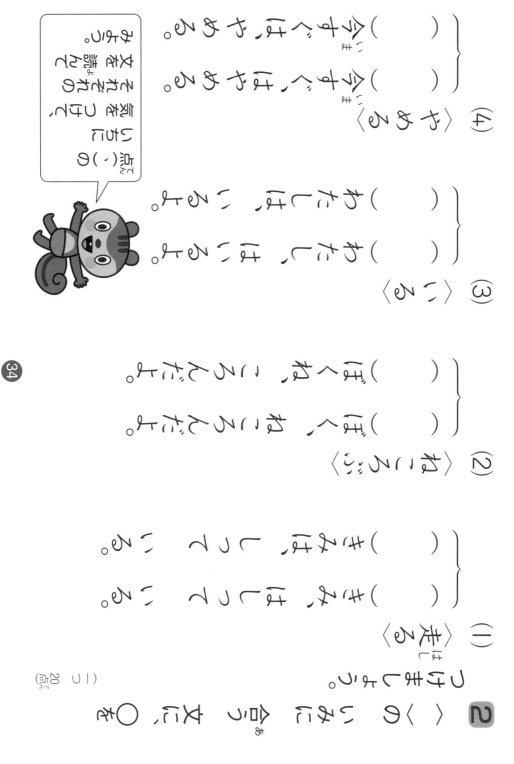

文を 読みなおして、それぞれの ことばに 気を つけて、点（・）の いちを 考えて みよう。

(4) 〈さめる〉

( ) 今きょうは、さめる さむい。

( ) 今きょうは、さむく さめる。

**1** つぎの 文の いみに 合う ほうに ○を つけましょう。 (1つ 12点)

(1) ぼくは、しって いる。
   ( ) 知る。
   ( ) 走(はし)る。

(2) 子ねこ、はいるよ。
   ( ) いる。
   ( ) 入る。

(3) わたしは ね、ころんだの。
   ( ) ころぶ。
   ( ) ねころぶ。

点(、)に 気をつけて
読んで みよう。

**2** 〈 〉の ことばに なるように、□に 点（、）を 書きましょう。（1つ 16点）

(1)〈入る〉

［ねん□か□は□に□います。］

(2)〈ねいぬ〉

［子犬は□ね□ている□だ。］

(3)〈知る〉

［あなたは□□しっている。］

(4)〈はやめる〉

［今すぐ□は□をやめる。］

1 〈 〉の いみに 合う 文に、○を つけましょう。（1つ 12点）

(1) 〈きものを ぬぐ。〉

( ) ここで、はきものを ぬぐ。

( ) ここでは、きものを ぬぐ。

(2) 〈ぼうしを 買う。〉

( ) 店で、ぼうしを 買う。

( ) 店では、うしを 買う。

(3) 〈いしゃに なる。〉

( ) しょう来、はいしゃに なりたい。

( ) しょう来は、いしゃに なりたい。

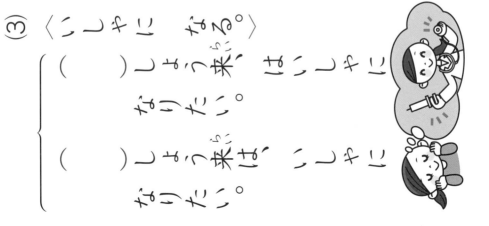

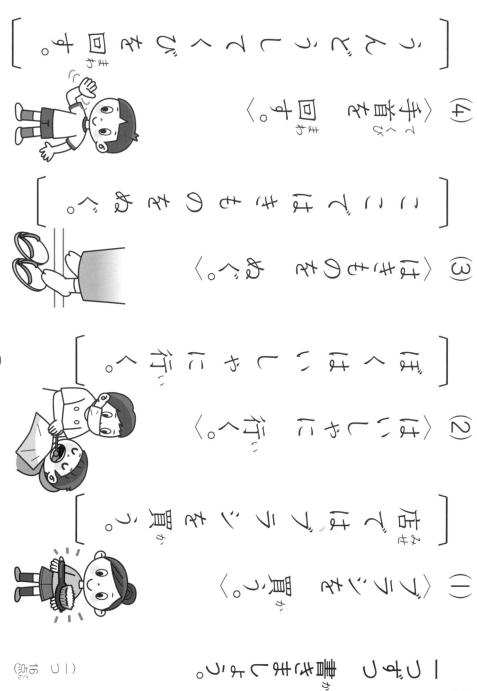

2 〈　〉の　ことばに　なるように、点（、）を　一つ　書きましょう。（一つ　16点）

（1）〈ベッを　買（か）う。〉

店（みせ）で　ヘットは　ベッを　買（か）う。

（2）〈にしょに　行（い）く。〉

ぼくは　ぼくは　にしょに　行（い）く。

（3）〈ものを　ぬぐ。〉

はきものを　はきもののを　ぬぐ。

（4）〈手首（てくび）を　回（まわ）す。〉

てくびと　くいと　へくしてんと　を回（まわ）す。

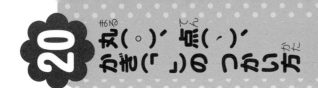

# 丸（○）、点（、）、かぎ（「 」）の つかい方

**1** □に、丸（○）か 点（、）か かぎ（「 」）を 書きましょう。

（一つ 5点）

（1） 魚が□すいすい およいで いる□

（2） へやに 入ると□ すぐ 本を 出した□

（3） となりの おばさんが□ □こんにちは。□ と 言った。

（4） □おい、つばめだ。□ と□ ついよしが 言った。

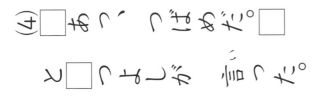

上（「）と 下（」）の かぎの 形に 気を つけて 書こう！

**2** つぎの〔 〕の 文しょうに、かぎ（「」）と 丸（○）と点（、）を 書きましょう。

（丸は、1つ 5点。かぎは 1つ 5点。点は 1つ 5点。）

（1）
〔 こうえんに
いくと、ぶらんこに
「わたしにかしてね」
と、妹が言った。 〕

（2）
〔 「にげ出した」
と、弟が言った。
まわって
にげた虫を
と、姉は 〕

（3）
〔 と、竹とんぼを
これに
教えて
くれた
先生がわたしに
と、わたしは言っただろう 〕

**1** 原こう用紙の 書き方を おぼえましょう。

（読んで 25点）

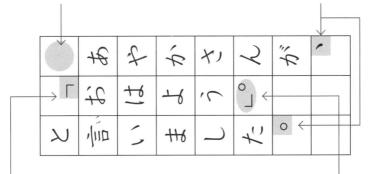

原こう用紙に 文しょうを 書く ときは、つぎの ことに 気を つけましょう。

あけて 一ます 書きはじめる。

丸（。）、点（、）、かぎ（「）（」）は、それぞれ 一ますに 書く。

|   | あ | や | か | さ | ん | が | 、 |
|---|---|---|---|---|---|---|---|
| 「 | お | は | よ | う | 。 |   |   |
| と | 言 | い | ま | し | た | 。 |   |

人が 話した ことば（会話）には、かぎ（「」）を つける。
会話は、行を かえて 書く。

丸と かぎ（。」）も、一ますに 書く。

41

**2** 原稿（げんこう）用紙（ようし）の書（か）き方（かた）が正（ただ）しいほうに○をつけましょう。

（25点）

こ1

右側の説明：

文字と丸（。）や点（、）は一マスに書きます。
「」に行をかえて書きます。
点（、）や丸（。）は行のはじめに書きません。
※おわりのます。

---

**(1)**

（　）
おじいさんが
つりに行きました、
魚（さかな）をつった。

（　）
おじいさんが
つりに行きました、
魚（さかな）をつった。

---

**(2)**

（　）
父（ちち）が
本（ほん）を
買（か）ってくれました。

（　）
父（ちち）が
本（ほん）を
買（か）ってくれました。

---

**(3)**

（　）
妹（いもうと）が
「ありがとう」
と言（い）いました。
※た。

（　）
妹（いもうと）が
「ありがとう」
と言（い）いました。
※た。

**1** 〔 〕の 文に、丸(。)と 点(、)を 一つずつ つけて、□□□に 書きましょう。

(ぜんぶ できて 一つ 25点)

一ます あけてから、書きはじめ ます。

(1) 〔 店の おばさんが おつり を くれました 〕

| | | | | | | | | | |
|---|---|---|---|---|---|---|---|---|---|
| | 店 | の | | | | | | | |
| | | | | | | | | | |

(2) 〔 学校 から 帰る とちゅう お じさんが 来て いました 〕

| | | | | | | | | | |
|---|---|---|---|---|---|---|---|---|---|
| | | | | | | | | | |
| | | | | | | | | | |
| | | | | | | | | | |

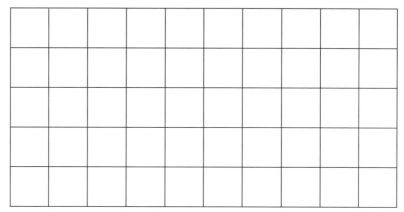

# 2 組〈くみ〉

〔 〕の 文しょうに、てん（、）や、まる（。）、かぎ（「 」）を つけて □ に 書きましょう。

（ぜんぶできて 1つ 25点）

**（1）**

〔わたしは きのうは いえにいます と いいました。〕

まる（。）や、てん（、）が、1つ ぬけて います。

わ

に

**（2）**

〔おかあさんが、かいだんを のぼって いって、あぶないから 気を つけて いってらっしゃいね と 言って 見おくって くれました。〕

一　〔　〕の 文しょうに、丸(。)と 点(、)を 一つずつ、かぎ(「 」)を ひと組 つけて、□□□に 書きましょう。（丸、点、かぎを 書くこと 5点30点　文しょうを 書いて 5点）

〔
およいでいるよと、弟が言った。弟がゆびさす方を見てみると大きな魚がおよいでいた。
〕

| | | | | | | | | | あ | 「 |
|---|---|---|---|---|---|---|---|---|---|---|
| | | | | | | | | | | |
| | | | | | | | | | | |
| | | | | | | | | | | |
| | | | | | | | | | | |

丸(。)は 文の おわりに、点(、)は 文の いみの 切れめに つけるよ。

と言いました。

「聞こえたよ。花だんに

数えて、母は花。

ました。くれたぼくの花が

くれました

花

つぎの〔　〕の文しょうを
二に書きなおしましょう。

かぎ（「　」）を ふた組（○）と
丸（○）を 点（、）を つけて。

（丸しるしを書けて
点（、）を書いて
文しょうが書けて
いて
5点×2、60点）

**1** すぎた ことを あらわす 言い方を おぼえましょう。

（一つ 5点）

- 犬が 走る。
- 犬が 走った。

すぎた ことを あらわす 言い方の 文は、文の おわりが 「…た」や 「…だ」に なります。

（1） すぎた ことを あらわす 言い方の 文に、○を つけましょう。

① ( ) 小鳥が 鳴く。
( ) 小鳥が 鳴いた。

② ( ) 弟が ジュースを のむ。
( ) 弟が ジュースを のんだ。

文のおわりを、②おわる「た」、③通る「だ」のように、形がかわることば（……）にかえるしゃしん！

**2**　あらすじの――線の言いかたを、すなおな言いかたに書きかえましょう。

（1つ15点）

〈れい〉花が さく。　　（ さいた ）
　　　　　さく。

（1）山が 見える。　　　（　　　　　）

（2）ねこが 歩く。　　　（　　　　　）

（3）バスが 通る。　　　（　　　　　）

（4）ちょうが とぶ。　　（　　　　　）

（5）かにが およぐ。　　（　　　　　）

（6）女の子が わらう。　（　　　　　）

**１** ていねいな 言い方を おぼえましょう。

（1つ 5点）

・弟が 手を あらう。

・弟が 手を あらい **ます**。

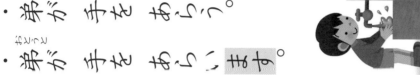

　ていねいな 言い方の 文は 文の おわりが 「…ます」や 「…です」に なります。

（1）ていねいな 言い方の 文に ○を つけましょう。

①　（　　）わたしは 外を 見る。
　　（　　）わたしは 外を 見ます。

②　（　　）これは ぼくの かさです。
　　（　　）これは ぼくの かさだ。

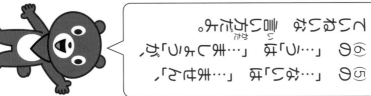

⑤の「…なら」「…ねっ」、
⑥の「…ね」「…よ」が
言えるように なったよ。

**2** ——の ことばを、てきとうな 言い方に
書きかえましょう。 （1つ 15点）

〈れい〉
父ちゃんが おどる。 （ おどります ）

(1) 赤ちゃんが
なく。 （　　　　　）

(2) テーブルが
ある。 （　　　　　）

(3) 友だちが
あそぶ。 （　　　　　）

(4) これは
かんだ。 （　　　　　）

(5) ぼくは
知らない。 （　　　　　）

(6) むこうへ
行こう。 （　　　　　）

50

# 文の 書き方 ③

**1** 人から 聞いた 言い方を おぼえましょう。 (1つ 10点)

- 音楽会が ある。
- 音楽会が あるそうだ。

人から 聞いた 言い方の 文は 文の おわりが 「…そうだ」や 「…と いう ことだ」に なります。

(1) 人から 聞いた 言い方の 文に ○を つけましょう。

① {
　(　　)ビルが できるそうです。
　(　　)ビルが できます。

② {
　(　　)雨が ふる。
　(　　)雨が ふると いう ことだ。

人から聞いた
──のことばを、
言い方に「そうだ」
「そうです」を
書きかえて、
ひらがなで
かきましょう。

（一つ 16点）

（1）よくがんばった。

（　　　　　）

（2）たからがある。

（　　　　　）

（3）みんながいなくなるとさわしめる。

（　　　　　）

（4）おは町内会のおまつりだ。

（　　　　　）

（5）いの絵は、先生からもらした。

（　　　　　）

──の言い方、
「そうだ」「そうです」
にするよ！

52

# 27 文の 書き方 ④

**1** わけ（りゆう）を せつめいする 言い方を おぼえましょう。 （10点）

- 春は あたたかい。
- あたたかいのは、春に なった<mark>からだ</mark>。

わけを せつめいする 文は、文の おわりが 「…からだ」や 「…からです」に なります。

53

（1） わけを せつめいする 言い方の 文に ○を つけましょう。

①
- （　）ひがひがなのは、きれいに さいたからだ。
- （　）わたしは、きれいに さいた。

2

の　――　のことばを、かきかえのれいにならって、「ただ」を言い方に、なおしてかきましょう。

[二点]
(18点)

(1) ぼくは、まんがを　コーヒーを
きのうは、へやが　よごれた。

（　おもしろかった。　）

(2) へやが　よごれたのは、よごれていたんだ。
（　　　　　　　　　　）

(3) 兄が　早く　かえるのは、早く　かえってきたのは、かえる。
（　　　　　　　　　　）

(4) どなったのは、雨が　ふったんだ。
（　　　　　　　　　　）

(5) めがね出したのは、たねを　かさねてしまった。
（　　　　　　　　　　）

54

文のおわりを「だ」「た」になおすんだよ。

1 ——の ことばを、〈 〉の 言い方に 書きかえましょう。

(1) ぼくは 公園へ 行く。

① 〈すぎた 言い方〉（　　　　　　　　　）

② 〈ていねいな 言い方〉（　　　　　　　　　）

(2) わたしは プールで およぐ。

① 〈すぎた 言い方〉（　　　　　　　　　）

② 〈ていねいな 言い方〉（　　　　　　　　　）

①〈すぎた 言い方〉は、文の おわりを 「…た」や 「…だ」に かえるよ。
②〈ていねいな 言い方〉は、文の おわりに 「…ます」を つけて 書くよ。

ぶんを 書くときは、「に」や「へ」の かなづかいに ちゅういしよう!

**2** ―の ことばを、〈 〉の 言い方に 書きかえましょう。（一つ 15点）

(1) さくらの 花が さいた よ。

$\boxed{\text{そうだ}}$ 〈人から聞いた〉

（　　　　　　　　　　）

(2) 手が つめたいので、おしるこは おいしかった。

$\boxed{\text{ようだ}}$ 〈わけのよう〉

（　　　　　　　　　　）

(3) 新しい ゲームは おもしろい。

$\boxed{\text{そうです}}$ 〈人から聞いた〉

（　　　　　　　　　　）

(4) おなかが すいたので、のこっているのは 食べました。

$\boxed{\text{ようです}}$ 〈わけのよう〉

（　　　　　　　　　　）

# こたえ

●答える 文字や 書きじゅんを といなうには、答えを はぶいて いる ものも あります。
●ことばや 文を 書く もんだいでは、ぜんぶ 書けて 一つの 正かいです。

---

## 1 文に つける 丸　（1・2ページ）

1 (1)①ねこが ねる。
②こいが およぐ。
③赤い 花が さく。

2 (1) {(○)／( )}
(2) {( )／(○)}
(3) {( )／(○)}
(4) {(○)／( )}
(5) {( )／(○)}

## 2 丸の つけ方①　（3・4ページ）

1 (1)…とぶ。
(2)…ねる。
(3)…かく。
(4)…行く。
(5)…よぶ。
(6)…歩く。

2 (1)…とぶ。
(2)…およぐ。
(3)…鳴く。
(4)…ほえる。
(5)…なげる。
(6)…行く。
(7)…光る。

## 3 丸の つけ方②　（5・6ページ）

1 ア・ウ・カ・ク

2 (1)…上げる。
(2)…いろぶ。
(3)…食べる。
(4)…のむ。
(5)…ゆれる。
(6)…ほえる。
(7)…およぐ。

**2**

(5) 田中さんが、…

(4) ケロケロ「…」と、…

(3) はい、…

(2) 家に、へやと、…

(1) 雨が、…

---

**5** 文をつくる
ページ 9・10

**1** 読んだら、ただしい 文を つくって 10点です。

**1**

(1) …行って きました。

(2) …ひいて います。

(3) …鳴いて いました。

(4) …ぶら さがって いました。

**2**

(1) …あくびを して いる。

(2) …さいて いる。

(3) …出て きた。

(4) …食べて いる。

(5) …ジャングル ジム。

---

**4** 丸のつけ方 ③
ページ 7・8

---

**7** 点のつけ方 ②
ページ 13・14

**1**

(1) (○)
(  )
②
(  )
(○)

**2**

(1) 戸を、…

(2) 近くに、…

(3) 池に、雨が…

(4) けれど、…

(5) …

---

**6** 点のつけ方 ①
ページ 11・12

**1**

(1) (○)
(  )
②
(  )
(○)

**2**

(1) 馬が、…

(2) 池の すから、…

(3) 池の 魚が、…

**1** (1)① { ( ) / (○) }
　　②{ (○) / ( ) }

**2** (1)は、 …
　(2)ここで、 …
　(3)さあ、 …
　(4)うん、 …
　(5)田中さん、 …

**1** (1)①{ (○) / ( ) }
　　②{ (○) / ( ) }

**2** (1)「ブーブー」と、 …
　(2)「ガオーッ」と、 …
　(3)「ポチャン」と、 …
　(4)「ゴロゴロ」と、 …
　(5)にわから「チュンチュン」と、 …

**1** (1)①{ ( ) / (○) }

**2** (1)お母さんが …
　(2)「いただきます。」と、弟が 言った。
　(3)おばさんが …
　(4)「早く 行こう。」と、友だちの…

**1** (1)①{ (○) / ( ) }

**2** (1)…だから、水を…
　(2)…でも、かさを…
　(3)…まだ、ケーキも…
　(4)…それから、はを…

〈ページ23・24〉

**12 丸点のつけ方**

**1**
(1) 犬が…
(2) 木が…春に…花がさく
(3) へやに…入る…ほえる
(4) お父さん…が当番です
(5) 雨が…と言ったが…

**2**
(1) 早く星が光った…
(2) ほたるが…ひかる
(3) ぼくは水から…ねた
(4) んで、ぼくは…
(5) たか、池に…

---

(6)
りいと
せいえっ
ます。「あ
んわたしを
。たしにが
知　行
は　った

(5) たか、池に
ボール
「ん、ボー
おちた
ル、の

(4) んで、ぼくは
「もう
水から
のぼった
ねる」

(3) ほくは早くて光っ
ぼうし
もた
で

(2) 早く星がかっ…
ほたる
がひかる

(1)

---

〈ページ25・26〉

**13 かぎをつける文**

**2**
(4)「早く帰りなさい。」
(3)「お帰り。」
(2)「行ってきます。」
(1)

**1**
(2) （ ）（○）
(1) （○）（ ）

⑥０

---

〈ページ27・28〉

**14 かぎのつけ方①**

**2**
(4)「まだいかいよ。」
(3)「いたいですは。」
(2)「たいちにたいは。」
(1)「たいちにたいまに。」

**1**
(1)「おはよう。」

**15** かきの つけ方 ②　ページ29・30

1 (1) 「おはよう。」
(2) 「さようなら。」
(3) 「おなか すいた。」
(4) 「すべり台。」

2 (1) 「いただきます。」
(2) 「おはようございます。」
(3) 「おやすみなさい。」
(4) 「さようなら。」

**16** かきの つけ方 ③　ページ31・32

1 (1)
( )
(×)
( )
(×)

(2)
(×)
(×)
( )
(×)

2 (1) 「行って きます。」
「車に 気を つけて ね。」
(2) 「お兄ちゃん、あそぼう。」
「じゃあ、公園に 行こうか。」

**17** 点に よって いみが ちがう文 ①　ページ33・34

1 (1)① ねこ …
② ねいば …

2 (1)
(○)
( )

(2)
(○)
( )

(3)
( )
(○)

(4)
( )
(○)

**18** 点に よって いみが ちがう文 ②　ページ35・36

1 (1)
(○)
( )

(2)
( )
(○)

(3)
(○)
( )

2 (1) ねえさん、はしるよ。
(2) 子犬は、ねころんだよ。
(3) あなたは、いってくる。
(4) 今すぐ、はやめる。

19
点（、）をうつ文③
ページ37・38

**1**
(1) 魚が…およいで…いる。
(2) …くると、…おっと…。
(3) おねえさんが、…「はちにい」と言った。
(4) 「あはこ」、だ…。

**2**
(1) 店で、パンを買う。
(2) ぼくはプールへ行く。
(3) ぼくはこれをきめる。
(4) くんくんとにおいをかいでから、一回する。

1 | (○) | (2) | (○) | (3) | (○)

---

20
丸（。）点（、）の
つかい方
ページ39・40

**1**

**2**
(1) ( ) | (2) (○) | (3) ( )

(2) ( ) | (○) | (3) ( )

---

21
原こう用紙の書き方①
ページ41・42

**1** 読んだら、25点です。

**2**
(1) 公園に、わたしと妹が行くと、弟が虫を見つけて、「見て。」と言った。
(2) わたしは弟に「なに。」と言った。すると弟は「虫。」と言った。
(3) 竹とわたしは、先生が「だまって数えて。」と言ったので、姉

62

**1** (1)

おばさんが、お店をつくりました。

(2)

学校から帰ると、おじいさんが来ていました。

**2** (1)

わたしは、「こんにちは。」と言いました。

(2)

お母さんが、「車に気をつけてね。」と言って、見おくってくれました。

**1**

「あそこにいるよ。」と弟が言って、ゆびさす方を見てみると、大きな魚がおよいでいた。

**2**

「この花はなんだ。」と聞くと、母は「これはチューリップのたねだよ。たくさんの花がさくよ。」と言って、教えてくれました。

**1** (1)① { ( ) / (○) }　② { ( ) / (○) }

**2** (1)見えた　(2)歩いた

(3)通った　(4)とんだ

(5)およいだ　(6)わらった

63

## 26 文の書き方 ③
ページ 51・52

**1**
(1) (○)（　）
(2) （　）(○)

**2**
(1) まいった
(2) あそった
(3) あるった
(4) わらった
(5) もらった

---

## 25 文の書き方 ②
ページ 49・50

**1**
(1) （　）(○)
(2) (○)（　）

**2**
(1) なる
(2) あります
(3) あそびます
(4) はこびます
(5) 知りません
(6) 行きましょう

---

## 28 文の書き方 ── まとめ
ページ 55・56

**1**
(1) ① 行きます
　　② 行きました

**2**
(1) おこした
(2) おとしたり
(3) おこったり
(4) ふんだり
(5) いったり

※「だから」「だって」も正かいです。

---

## 27 文の書き方 ④
ページ 53・54

**1**
(1) （　）(○)

**2**
(1) おこしたり
(2) おとしたり
(3) おしたり
(4) ねむたい
(5) おもたい

(4) 食べたくなってきました